Un sac de billes

Joseph Joffo

Texte présenté et annoté
par Wolfgang Ader

Ernst Klett Verlag
Stuttgart Düsseldorf Leipzig

Inhalt

2. Auflage A 2 5 4 3 2 1 | 2004 2003 2002 2001 2000

Alle Drucke dieser Auflage können im Unterricht nebeneinander benutzt werden, sie sind untereinander unverändert. Die letzte Zahl bezeichnet das Jahr dieses Druckes.

Internetadresse: http://www.klett-verlag.de

Umschlaggestaltung: KOMA AMOK, Stuttgart,
Fotosatz: Repro-Technik, Ruit
Druck: Wilhelm Röck, Weinsberg
Printed in Germany
ISBN 3-12-592114-7

Introduction

Joseph Joffo, l'auteur de ce roman autobiographique, est né à Paris en 1931, dans le XVIIIe arrondissement. Après la guerre, il devient coiffeur comme son père. En 1971, après un accident de ski, il se met à écrire ses souvenirs d'enfance : ce sera *Un sac de billes*.

Dans ce roman, il décrit la vie des Juifs pendant la Seconde Guerre mondiale en France, leur souffrance et leur peur. Mais ce n'est pas un livre de haine, c'est au contraire un livre d'espoir et d'amour.

Le héros du roman, Joseph Joffo, est un garçon de 10 ans en 1941, au moment où il lui faut quitter Paris avec son frère Maurice, de deux ans son aîné, pour ne pas tomber aux mains de la Gestapo. Il a encore une sœur, Rosa, qui vit près de Montluçon, et deux frères aînés, Henri et Albert, qui exercent le même métier que leur père : celui de coiffeur.

On suit les deux garçons, Joseph, le narrateur, et son frère Maurice, de 1941 jusqu'en 1944, date à laquelle ils retournent à Paris après la libération de la capitale. C'est un livre qui résume trois années de l'histoire de la France et de l'Allemagne.

Le roman a connu un très grand succès, pas seulement en France. Il a été traduit en 18 langues, dont l'allemand.

Une carte de la France sous l'occupation allemande, une liste de dates historiques et quelques explications dans l'annexe vous aideront à mieux comprendre les extraits tirés de ce livre.

1 L'enfance

une odeur – ce que l'on sent par le nez
un flacon – une petite bouteille

Porte Clignancourt – *ici:* un quartier ouvrier de Paris (XVIIIe arrondissement)
un gosse *fam* – un enfant

une immensité – *ici:* un grand nombre

un oreiller – Kopfkissen (→ une oreille)

le héros – le personnage principal

Je me souviens du salon de coiffure et de ses odeurs. Je revois les flacons sur les étagères, les serviettes blanches et papa qui rasait un client.

On a fait les devoirs, Maurice et moi. Ça n'a pas duré plus de quarante-cinq secondes. J'ai toujours su mes leçons avant de les apprendre. On a joué un peu dans la chambre pour que maman ne nous renvoie pas aux études. Puis on est sortis.

J'avais dix ans.

Porte de Clignancourt, en 1941. Un quartier idéal pour des gosses. Nous étions heureux dans ce Paris gris, avec les boutiques, les maisons hautes, des endroits pour se cacher, des sonnettes. Il y avait de tout : des voitures à chevaux, la fleuriste, l'odeur de la boulangerie et les terrasses des cafés en été. Et quelle immensité de rues !

Nous sommes rentrés vers six heures. Après le dîner, comme chaque soir, maman est venue contrôler nos dents, nos oreilles, nos mains. Elle nous a dit bonne nuit, et comme chaque soir, la porte n'est pas encore refermée que mon oreiller vole en direction du lit de Maurice. Nous nous battons souvent. En général, c'est moi qui commence.

J'écoute. J'entends que Maurice a quitté son lit. La bataille peut commencer.

Lumière.

Maurice se rejette dans son lit et je fais semblant de dormir. Papa est là.

– Continuez, dit-il.

Papa est formidable.

Certains soirs, il entrait, il s'asseyait sur mon lit ou sur celui de Maurice et commençait à raconter les histoires de la famille. Le héros était mon grand-père. C'était un homme riche, connu et aimé des habitants d'un grand village au sud d'Odessa, en Russie.

Il vivait heureux avec sa famille jusqu'au jour où ont commencé les pogromes.

Ces histoires ont influencé mon enfance, je voyais les soldats du tsar, les flammes, les larmes, les morts. Il fallait donc partir et vite.

Les Joffo ont traversé l'Europe : la Roumanie, l'Autriche, l'Allemagne et un jour, ils se sont trouvés devant la dernière frontière. De l'autre côté, il y avait des chants d'oiseaux, des arbres et un village aux toits rouges avec une petite église, de vieilles femmes sur des chaises devant leur maison. Sur la maison la plus grande, il y avait les mots :

Liberté – Egalité – Fraternité.

La peur quittait les yeux des gens, car ils savaient qu'ils étaient arrivés.

La France.

Je ne suis jamais passé devant la mairie du XIXe arrondissement sans que mon père me serre un peu la main et me montre les lettres sur le bâtiment :

– Tu sais ce que ça veut dire, ces mots-là ?

J'ai su vite lire ; à cinq ans, je lui disais les trois mots.

– C'est ça Joseph, c'est ça. Et tant qu'ils sont écrits là-haut, ça veut dire qu'on est tranquilles ici.

Et c'était vrai qu'on était tranquilles, qu'on l'avait été. Un soir, à table, alors que les Allemands étaient arrivés, maman avait posé la question :

– Tu ne crois pas qu'on va avoir des problèmes, maintenant qu'ils sont là ?

On savait ce qu'Hitler avait déjà fait en Allemagne, en Autriche et en Pologne : les lois raciales.

Je faisais la vaisselle et Maurice m'aidait. Albert et Henri, mes deux frères aînés, rangeaient le salon, on les entendait rire et papa répondre à la question de maman :

– Non, pas ici, pas en France. Jamais.

un pogrome – actions agressives contre les Juifs

le tsar – Zar
une larme – Träne

une loi raciale – Rassengesetz

– A ton tour, Jo.

Il est huit heures du matin et c'est encore la nuit complète dehors. Maman est assise sur la chaise derrière la table. Elle sourit, mais avec les lèvres seulement. Je lui tends ma veste. Vite, elle coud sur le revers gauche une étoile jaune : JUIF.

coudre – nähen

Maurice me regarde :

– Alors, toi aussi, tu l'as, ta médaille.

Quand on a ça, on ne peut plus faire grand-chose : on n'entre plus dans les cafés, ni dans les cinémas, ni dans les trains. Peut-être qu'on n'a plus le droit d'aller à l'école. Ça ne serait pas mal comme loi raciale, ça.

Papa ouvre la porte. Il regarde l'étoile, puis sa femme.

– Eh bien, voilà, dit-il, voilà ...

Il faisait froid dehors, nos galoches claquaient sur le trottoir. Je ne sais pas pourquoi, mais je me suis retourné. Nos fenêtres donnaient sur la rue et je les ai vus, tous les deux, qui nous regardaient derrière les vitres.

une galoche – une sorte de chaussure de bois

A deux cents mètres, c'est l'école Fernand-Flocon, notre école.

Fernand Flocon – un ministre français (1800-1866)

– Hé ... Joffo !

C'est Zérati qui m'appelle. C'est mon copain depuis trois ans.

– Salut !

– Salut !

Il me regarde, fixe le revers, l'étoile jaune. C'est long le silence quand on est petit.

– Bon Dieu, murmure-t-il, t'as vachement du pot, ça fait chouette.

Maurice rit et moi aussi. Quel soulagement !

– C'est comme une décoration, vous avez vraiment du pot.

C'est vrai, c'est comme une médaille.

avoir vachement du pot *fam* – avoir de la chance
chouette *fam* – *ici:* joli,e
le soulagement – Erleichterung

Il y a des groupes d'élèves dans la cour. Un cercle s'est formé et moi, au milieu. Dans l'ombre, j'ai vu des visages, pas souriants ceux-là.

– T'es un youpin, toi ?

Difficile de dire non, quand c'est écrit sur ta veste.

– C'est la faute aux youpins s'il y a la guerre.

Zérati se retourne vers un grand garçon de douze ans :

– T'es tout con, toi, c'est la faute à Jo s'il y a la guerre ?

– Parfaitement, il faut les virer, les youds.

Mais qu'est-ce qui s'est passé ? J'étais un gosse, moi, avec des billes, des jouets, des leçons à apprendre ; papa était coiffeur, mes frères aussi, maman faisait la cuisine ; le dimanche nous allions à Longchamp prendre l'air, la semaine en classe et voilà tout. Et tout d'un coup, on me met une étoile jaune sur la veste et je deviens juif.

Juif. C'est quoi un Juif ?

Le grand garçon continue :

– T'as vu son tarin ?

Rue Marcadet, il y avait une affiche, au-dessus du magasin de chaussures, une très grande affiche en couleur. Dessus, on voyait une araignée qui rampait sur le globe, une grosse bête, avec de petits yeux, des oreilles en chou-fleur, une bouche énorme et un nez terrible, long d'une vingtaine de centimètres. En bas, c'était écrit : « Le Juif cherchant à posséder le monde. » On passait souvent devant, Maurice et moi. Ce n'était pas nous, ce monstre ! On n'était pas des araignées, on n'avait pas une tête pareille. Dieu merci ! J'étais blond, moi, avec les yeux bleus et un nez comme tout le monde. Et voilà que tout d'un coup, cet idiot me disait que j'avais un tarin comme sur l'affiche ! Tout ça parce que j'avais une étoile.

Avant de me mettre en rang, j'ai vu Maurice. Il y avait une dizaine d'élèves autour de lui. Quand il est allé se ranger derrière les autres, il avait sa tête des mauvais jours.

un youpin *péjoratif* – un Juif

être tout con *fam* – être complètement idiot

virer qn – chasser qn

Longchamp – une ville chic de la banlieue de Paris

un tarin *fam* – un (grand) nez
Rue Marcadet – une rue du quartier juif de Paris
une araignée – eine Spinne
ramper – kriechen

gagner sa place – *ici:* aller à sa place

glisser – *ici:* vorbeigleiten

ravir qn – rendre qn heureux

à présent – maintenant

le sillon rhodanien – Rhonegraben

une mouche – Fliege

une ardoise – *ici:* Schiefertafel

une carte murale – une carte fixée sur le mur

On est entrés deux par deux devant le père Boulier et j'ai gagné ma place à côté de Zérati.

La première heure, c'était la géo. Ça faisait longtemps qu'il ne m'avait plus interrogé. Il a promené son regard sur nous comme tous les matins, mais il ne s'est pas arrêté sur moi. Ses yeux ont glissé et c'est Raffard finalement qu'il a interrogé. Cela m'a donné une mauvaise impression : peut-être que je ne comptais déjà plus, peut-être que maintenant je n'étais plus un élève comme les autres. Il y a encore quelques heures cela m'aurait ravi, mais à présent cela m'ennuyait. Qu'est-ce qu'ils avaient donc tous contre moi ?

– Prenez vos cahiers. La date, en titre : Le sillon rhodanien. Le père Boulier avait une manie : c'était le silence.

Il voulait toujours entendre les mouches voler ; quand il entendait un bavardage, un livre qui tombait, il disait à l'élève :

– Conjuguez le verbe « faire moins de bruit » au passé composé, plus-que-parfait et futur.

J'ai posé mon ardoise sur le coin de la table, je l'ai poussée un peu et elle est tombée par terre : Braoum !

Il écrivait au tableau et s'est retourné. Il a regardé l'ardoise par terre, puis moi. Tous les autres nous fixaient. M. Boulier m'a regardé longtemps et puis son regard est devenu vide, complètement vide. Lentement, il est allé à la carte murale de France et nous a montré une ligne qui descendait de Lyon à Avignon et il a dit :

– Le sillon rhodanien sépare les massifs anciens du Massif Central.

La leçon avait commencé et j'ai compris que, pour moi, l'école était finie. A un certain moment, j'ai entendu la sonnerie de la récréation.

Je suis sorti et, dans la cour, ils ont dansé autour de moi.

– Youpin ! Youpin ! Youpin !

Un m'a poussé dans le dos. J'ai réussi à ne pas tomber. J'ai reçu un coup terrible sur l'oreille. Mon tablier s'est déchiré. J'ai cherché Maurice des yeux. Il saignait.

un tablier – Schulkittel
déchirer – zerreissen
saigner – bluten (→ le sang)

Il fallait retourner en classe. Je me suis assis. Devant moi, au-dessus du tableau noir, il y avait la tête du maréchal Pétain. Une belle tête digne avec un képi. En-dessous, il y avait une phrase. « Je tiens mes promesses, même celles des autres. »

le maréchal Pétain – *voir annexe*
digne – würdig

Je me demandais à qui il avait promis de me faire porter une étoile. Pourquoi tout cela ?

Je ne comprenais rien. J'avais la même couleur que les autres, la même tête, j'avais entendu parler de religions différentes, mais moi, je n'avais pas de religion. Le jeudi, j'allais même au patronage avec d'autres gosses du quartier. On faisait du basket derrière l'église. J'aimais bien cela et à l'heure du goûter, le curé nous donnait du pain gris avec du chocolat, le chocolat de l'occupation, peu sucré. Alors, où était la différence ?

le patronage – *ici:* (katholische) Jugendgruppe

le goûter – un petit repas de l'après-midi
un curé – Pfarrer

Onze heures et demie. Je m'habille et je sors. Mon oreille me fait toujours mal. Maurice m'attend devant la cour. Son genou ne saigne plus. Ensemble nous remontons la rue sans dire un mot.

– Jo !

C'était Zérati. Dans sa main, il a un sac de billes. Il me le tend.

un sac – ein Sack
une bille – Murmel

– Je te fais l'échange.

Je n'ai pas compris tout de suite. Il me montre l'étoile sur ma veste.

– Contre ton étoile.

Je me décide brusquement.

– D'accord.

D'un coup, je l'arrache :

arracher – enlever avec force

– Voilà.

Les yeux de Zérati brillent. Mon étoile pour un sac de billes. C'était ma première affaire.

enflé,e – geschwollen

trembler – zittern

A table, mon père nous regarde : mon oreille enflée, ma veste déchirée, le genou rouge de sang de Maurice et son œil violet. Il rnange avec difficulté et regarde ma mère, ses mains tremblent.

– Pas d'école cet après-midi, dit-il.

Maurice et moi, nous en laissons tomber nos cuillères.

– Cet après-midi, vous êtes libres, mais rentrez avant la nuit, j'ai quelque chose à vous dire.

Quelle joie, quel soulagement ! Tout un après-midi à nous, alors que les autres travaillaient. Nous avons traversé notre Paris aimé. Je ne savais pas encore que je ne reverrais plus ce quartier si familier.

4 Le départ

Nous sommes revenus trois heures après. La boutique était fermée. Beaucoup de nos amis étaient partis depuis quelque temps. Souvent, dans le salon autrefois bondé, il n'y avait qu'un seul client. Mes frères étaient partis au début de l'année. Je n'avais pas bien compris pourquoi. Chez nous on parlait souvent de : Kommandantur, Ausweis, ligne de démarcation. Des noms de quelques villes aussi : Marseille, Nice, Casablanca. C'étaient des mots que j'avais entendus pour la première fois.

bondé,e – *ici:* plein de clients

la ligne de démarcation – *voir annexe*

Notre père nous a appelés, il était dans notre chambre, assis sur le lit de Maurice. Nous nous sommes installés en face de lui, sur mon lit. Il a commencé un long monologue que je n'ai jamais oublié :

– Vous êtes maintenant en âge de comprendre les choses. J'ai quitté la Russie tout seul quand j'avais sept ans. Arrivé en France, j'ai gagné ma vie. J'ai fait tous les métiers : j'ai ramassé de la neige pour un peu de pain, j'ai travaillé chez des paysans. je suis devenu coiffeur. J'ai marché beaucoup : trois jours dans une ville, un an dans une autre, et puis je suis arrivé ici où j'ai été heureux. Votre mère a eu un peu la même histoire que moi. Je l'ai connue à Paris, nous nous sommes aimés, mariés et vous êtes nés. Rien de plus simple.

Il avait de la difficulté à parler.

– J'ai acheté cette boutique, bien petite au début. J'ai travaillé dur ...

Il s'arrête et nous regarde.

– Vous savez pourquoi je vous raconte tout cela ?

– Oui, dit Maurice, c'est parce que nous aussi, on va partir.

– Oui, les garçons, vous allez partir, aujourd'hui c'est votre tour. Vous savez pourquoi : vous ne pouvez plus revenir tous les jours dans cet état. Je sais que vous vous défendez bien et que vous n'avez pas peur.

Mais il faut savoir une chose : lorsqu'on n'est pas le plus fort, lorsqu'on est deux contre dix, vingt ou cent, le courage ne sert à rien. Et puis, vous avez vu que les Allemands sont de plus en plus durs envers nous. Aujourd'hui l'étoile jaune, demain on va nous arrêter. Alors, il faut partir.

une boule dans la gorge – ein Kloß im Hals
la peine – *ici:* la difficulté

Je sentais une boule monter dans ma gorge, mais je n'ai pas pleuré. J'ai demandé avec peine :

– Mais toi, toi et maman ... ?

s'inquiéter – se faire du souci

– Ne vous inquiétez pas. Nous réglons encore quelques affaires et puis nous partons à notre tour. Henri et Albert sont en zone libre. Vous partez ce soir. Vous allez bien faire attention maintenant. Vous prendrez le métro jusqu'à la gare d'Austerlitz et là vous achèterez un billet pour Dax. C'est là où il faudra passer la ligne de démarcation. Bien sûr, vous n'aurez pas de papiers pour passer, il faudra vous débrouiller. Tout près de Dax vous irez dans un village qui s'appelle Hagetmau, là il y a des gens qui vous aideront à passer la ligne. Une fois de l'autre côté, vous êtes sauvés. Vous êtes en France libre. Vos frères sont à Menton, je vous montrerai sur la carte où ça se trouve, c'est tout près de la frontière italienne. Vous les retrouverez. Voilà l'adresse du salon où ils travaillent. Maurice demande :

la zone libre – *voir annexe*

Austerlitz – une gare de Paris (pour les trains en direction du Sud-Ouest)
Dax – une ville près des Pyrénées
se débrouiller – sich zu helfen wissen

– Mais pour prendre le train ... ?

– Je vais vous donner des sous, faites attention de ne pas les perdre. Vous aurez chacun cinq mille francs.

des sous *m, fam* – de l'argent
un franc – *ici:* un ancien franc (= 1 centime)
une fortune – beaucoup d'argent

Quelle fortune ! Cinq mille francs ! Mais papa n'a pas encore fini.

– Enfin, dit-il, il faut savoir une chose. Vous êtes juifs, mais ne le dites jamais. Vous entendez : *Jamais.*

Nous faisons oui de la tête.

– A votre meilleur ami vous ne le direz pas, vous nierez toujours. Vous m'entendez bien : *Toujours.* Joseph, viens ici.

nier – dire non

Je me lève et m'approche de lui.

– Tu es juif, Joseph ?

– Non.

Sa main a claqué sur ma joue. Il ne m'avait jamais touché jusqu'ici.

– Ne mens pas, tu es juif !

– Non !

J'avais crié sans m'en rendre compte.

– Et bien, a dit mon père. La situation est claire maintenant. Allons, il est temps d'aller à table. Vous partirez tout de suite après.

Sur une chaise, près de la porte, il y avait nos deux sacs à dos avec des vêtements, nos affaires de toilette, des mouchoirs pliés. Je ne me souviens plus du repas. Après, maman nous a aidés à mettre nos vestes. Elle nous a embrassés : j'ai senti ses joues mouillées, ses lèvres tremblaient.

un mouchoir – Taschentuch
plié,e – gefaltet
la joue – Wange
mouillé,e – nass

Un baiser rapide pour mon père, ses mains nous ont poussés vers l'escalier :

– Allez, les enfants, et à bientôt.

J'ai su plus tard que mon père est resté debout longtemps, les yeux fermés d'une douleur indicible.

Dans la nuit sans lumière, dans les rues vides, nous sommes allés à la station de métro. C'en était fait de l'enfance.

une douleur – Schmerz
indicible – unsagbar
c'en est fait de… – … est fini

Après un long voyage ils arrivent à Dax où un prêtre les aide à passer le contrôle allemand. Ils prennent l'autocar pour se rendre à Hagetmau.

5 La ligne de démarcation

franchir – traverser

une vache – Kuh

un passeur – *ici:* qn qui aide les gens à passer la ligne de démarcation

un panier – Korb

pâlir – devenir pâle (blass)
un commis – *ici:* un garçon qui apprend un métier

Le car s'est arrêté à l'entrée du village. C'est un pays très plat et les maisons se resserrent autour du clocher de l'église. D'un bon pas nous franchissons un pont étroit.

La rue centrale monte un peu. Nous arrivons à une fontaine.

Il n'y a personne dans la rue, un chien parfois traverse et disparaît dans une petite rue. Cela sent une odeur de vache et de bois brûlé, l'air est vif.

– Ecoute, dit Maurice, on va essayer de passer ce soir, pas la peine de traîner ici. Alors, ce qu'il faut faire d'abord, c'est se renseigner pour savoir où on peut trouver un passeur et combien il prend.

Cela me paraît raisonnable.

A cinquante mètres, un garçon d'une quinzaine d'années roule sur un immense vélo noir. Il a un panier sur le porte-bagages. Il s'arrête devant une maison, sonne, tend un paquet de son panier et salue à voix haute :

– Bonjour, Mme Hudot, voilà la viande.

Puis il remonte sur le vélo en sifflant et nous regarde venir vers lui.

– On voudrait un petit renseignement.

Il rit.

– Je vais vous le donner avant que vous le demandiez. Vous voudriez savoir où se trouve le passeur. C'est ça ?

Maurice le fixe.

– Oui, c'est ça.

– Eh bien, c'est facile. Vous allez quitter le village par la grand-route, faire trois cents mètres et, à la première ferme à votre droite, vous demanderez le père Bédard. Seulement, je vous dis que c'est cinq mille francs par personne.

Je pâlis, Maurice aussi. Le commis nous regarde en riant.

– Maintenant, il y a une autre solution. Si ça vous aide, je peux vous faire passer, moi, pour cinq cents francs. Vous préférez ça ?

Nous rions de soulagement. Drôlement sympathique, ce commis.

drôlement *fam* – vraiment

– Eh bien alors, je vous propose quelque chose : je vous donne mon panier et vous finissez la tournée. Ce soir à dix heures, on se retrouve près du pont. Vous ne pouvez pas vous tromper, il n'y en a qu'un.

Le commis disparaît à toutes pédales.

Je me retourne vers Maurice.

– Tu les as, ces mille balles ?

mille balles *fam* – 1000 F

Il fait oui de la tête, soucieux.

être soucieux, -euse – avoir des soucis *(m)*

– Bien sûr que je les ai, mais tout juste, une fois qu'on l'aura payé, on n'aura pratiquement plus rien.

tout juste – *ici:* knapp

– Mais cela n'a aucune importance ! Une fois passé en zone libre, on se débrouillera toujours. Imagine qu'on ne soit pas tombés sur ce type : à cinq mille francs le passage, on était obligés de rester là ! Tu te rends compte !

une fois passé – quand on sera de l'autre côté

Tu te rends compte ! – Stell dir das mal vor !

Déjà, la nuit tombait. Dix heures vont sonner bientôt. Je sens que le moment est venu. Et dire qu'il y a quelques jours encore, j'aurais été fou de joie de me trouver dans une situation semblable. Tout y est : la nuit, le bruit des feuilles, l'attente, les Indiens devant nous, et moi le cow-boy sans armes qui vais franchir le passage tout près de leur camp. Et ma vie au bout de leur fusil.

semblable – pareil

un fusil – Gewehr

– Ecoute ...

Un vélo s'approche. Le cycliste siffle une chanson de Tino Rossi. C'est lui, Raymond ; il s'est arrêté tout près de nous. Il descend en sifflant et vient vers nous.

Il a l'air joyeux, pas du tout le style éclaireur comanche. Il a les mains dans les poches.

un Comanche – un Indien

– Alors, ça va ?

Maurice tend notre argent que Raymond met dans sa chemise.

– En route.

J'avance, attentif à ne pas faire le moindre bruit. J'entends Raymond rire.

un pote *fam* – un copain

– T'en fais pas, mon ptit pote, c'est pas la peine de faire le Sioux. Tu marches derrière moi, tu fais ce que je fais et tu t'occupes pas du reste. Nous sommes partis.

Nous sommes enfin entrés dans la forêt. Raymond avançait en faisant craquer les feuilles des broussailles. Arrivés sous les arbres, j'ai eu l'impression que nous n'étions pas seuls, qu'il y avait près de nous d'autres gens qui marchaient sur notre gauche.

Raymond s'est arrêté. J'ai chuchoté :

– Il y a quelqu'un sur la gauche.

– Je sais, une douzaine. C'est le vieux Branchet qui les fait passer. On va leur laisser prendre de l'avance et on suivra. On peut s'asseoir un moment.

– On est encore loin ? a chuchoté Maurice.

Raymond a fait un geste vague.

– En ligne droite, on y serait tout de suite mais on va contourner la clairière.

contourner – umgehen
une clairière – Waldlichtung

La marche reprend, nous ne nous arrêtons plus.

Depuis combien de temps sommes-nous partis, deux minutes ou trois heures ? Impossible de le dire. Le bois s'éclaircit devant nous et les arbres forment une allée pâle. D'un geste, Raymond nous regroupe autour de lui.

s'éclaircir – sich lichten

– Vous voyez l'allée là-bas ? Vous allez la suivre : deux cents mètres à peine. Vous rencontrerez un fossé. Méfiez-vous, c'est assez profond et il y a de l'eau. Vous passez le fossé et vous tombez sur une ferme; vous pouvez entrer, même s'il n'y a pas de lumière, le fermier est au courant. Vous pouvez coucher dans la paille, vous n'aurez pas froid.

la paille – Stroh

Maurice parle :

– Parce que ... C'est la zone libre là-bas ?

Raymond se retourne et rit doucement :

– La zone libre ? Mais on y est déjà !

Quelle frustration : On avait déjà passé la ligne et je ne l'avais pas remarqué. Il y avait ce but à atteindre, on était partis pour ça, tout le monde en parlait, c'était le bout du monde, et moi sans m'en douter j'étais passé comme une fleur, à travers ce trait de crayon qui coupait en deux la carte de France que papa nous avait montrée un soir.

le bout – la fin
sans s'en douter – sans le savoir

La ligne ! Je me l'imaginais comme un mur, un espace plein de canons, de fusils, avec des patrouilles et de grands coups de projecteurs.

Et au lieu de tout ça : rien, strictement rien. Je n'avais pas eu une seule seconde l'impression d'avoir le moindre Apache derrière moi, c'était à vous dégoûter du Far West. J'étais content tout de même puisque j'étais sauvé.

strictement – absolument

être dégoûté de qc – ne plus aimer qc

Après un voyage de plus de deux semaines, Maurice et Jo arrivent à Menton.

Je me suis retrouvé sur une place, des palmiers au-dessus de ma tête. Menton.

En ces mois de guerre, Menton était encore une petite ville. Les grands hôtels, le sanatorium, étaient occupés par des soldats italiens qui avaient une vie agréable, se baignaient, se promenaient dans les vieilles rues, dans les jardins et sur la promenade, devant le casino. Cette ville m'a fasciné par son charme, ses églises italiennes, ses vieux escaliers, les montagnes et la plage.

Nous sommes partis pour retrouver nos frères. Le salon était un assez beau magasin au coin d'une large rue qui mène au musée.

C'est Maurice qui l'a vu le premier :

– Regarde !

Ce grand type qui est en train de couper les cheveux à un client, c'est Henri, l'aîné. Il n'a pas changé, un peu maigri peut-être. Il ne nous a pas vus.

– Allez, viens, on entre.

Le deuxième garçon se retourne, la caissière nous regarde, les clients nous fixent dans les miroirs, tout le monde nous regarde, sauf Henri.

La caissière nous dit :

– Asseyez-vous, les enfants.

A ce moment-là, Henri se retourne et reste les ciseaux à la main.

un voyou – *ici:* Schlingel

– Ho, fait-il, ho, ho, voilà les voyous.

Il nous embrasse. Il sent toujours bon, la même odeur qu'autrefois.

j'en ai pour deux minutes – ich bin in zwei Minuten so weit

– Asseyez-vous, j'en ai pour deux minutes.

Après avoir rasé son client, Henri s'est adressé à la patronne :

– Vous m'excusez cinq minutes, madame Henriette ? Je dois m'occuper de ces deux-là.

fuser – *ici:* hervorsprudeln

Il nous prend la main et nous entraîne vers la vieille ville. Les questions fusent :

– Et les parents ? Comment êtes-vous passés par la frontière ? Vous êtes arrivés quand ?

Nous répondons ensemble. J'arrive à demander :

– Et Albert ?

– C'est sa journée de repos, il est à la maison.

Nous sommes montés vers l'église Saint-Michel à travers des rues étroites, des escaliers descendaient vers la mer; il y avait du linge pendu aux fenêtres.

pendre – (auf-)hängen

Un peu après, nous étions arrivés. Nous nous sommes trouvés dans une petite salle meublée d'un grand buffet provençal, d'une table ronde et de trois chaises.

Par la porte nous avons vu Albert qui lisait sur son lit.

– Je t'amène des invités.

Il a sauté sur ses pieds et ...

– Ho, ho, a-t-il crié, voilà les voyous.

Nous l'avons embrassé, nous étions tous contents, la famille se reformait.

Il nous a servi de la limonade, du pain et du chocolat. Je m'étonnais de ce luxe rare.

Nous avons raconté nos aventures et les cinq minutes d'Henri sont devenues une bonne heure. Ils nous ont aussi raconté comment ça s'était passé pour eux.

Henri est retourné à son travail et Albert nous a dit :

– Maintenant, vous allez faire des commissions : voilà de l'argent et une liste de choses à acheter. Ce soir, on fait la fête.

Nous nous sommes retrouvés chacun avec un filet à provisions, nous avons traversé la rue et sommes allés sur la plage des Sablettes, au pied de la vieille ville. Le sable était dur. La plage n'était pas grande, et il n'y avait presque personne. Nous avons couru, dansé, crié, nous étions ivres de joie et de liberté !

les Sablettes – une plage de Menton

Tous les trois, nous avons préparé la fête et quand Henri est arrivé avec une bouteille de vin, la table était mise.

arroser qc – *ici*: fêter qc

Albert nous a servi, à Maurice et à moi, un demi-verre de vin pour arroser l'arrivée. J'ai entendu Maurice parler de l'étoile jaune, de Dax, de la ligne de démarcation et je me suis endormi sur la table, la tête sur mes bras. J'ai dormi dix-sept heures. Les jours suivants ont été admirables.

7 Nouveau départ

Un jour cependant, ils reçoivent une lettre de leurs parents, qui sont dans un camp près de Pau. Un soir, il y a eu dans leur quartier une rafle monstre. Alors, ils ont tout quitté, ont pris des cars les uns après les autres, car les trains étaient devenus impraticables pour les gens sans « ausweis ». Ils ont réussi à franchir la ligne de démarcation et sont arrivés en zone libre. Mais là, ils sont arrêtés par les autorités de Vichy et enfermés dans un camp.

une rafle – Razzia *(voir annexe)*

Henri décide de se rendre à Pau pour aider les parents. Il trouve le camp où ils sont parqués avec bien d'autres familles juives. Le lendemain, le directeur du camp accepte de le recevoir. Henri bluffe et lui raconte que ses parents ne sont pas juifs. L'arrestation est une erreur. Sa mère, née Markoff, descend de la famille impériale russe que tout le monde connaît ; elle est catholique. Son père est français. D'ailleurs, les Allemands ont enlevé à tous les Juifs la nationalité française. La Préfecture de Paris peut le confirmer. Henri se croit perdu quand le directeur a vraiment Paris au téléphone. Mais là, miracle ! Il donne aussitôt des ordres pour que les Joffo soient libérés. (Henri ne saura jamais ce que le directeur a entendu au bout du fil.) Les parents s'installent à Nice.

au bout du fil – au téléphone

Quatre jours après le retour d'Henri à Menton nous recevions la première lettre de nos parents de Nice. Papa se débrouillait bien. Il avait trouvé un appartement dans un quartier à côté de l'église de la Buffa, il avait loué deux chambres et s'était déjà renseigné : il serait facile à Albert et Henri de trouver du travail dans un salon de la ville. Lui aussi travaillerait bien sûr. Dans des lignes assez amères, papa nous apprenait que malgré « les malheurs qui s'étaient abattus sur la France » les places, le casino, les boîtes de nuit étaient pleins et que la guerre n'existait que

amer, amère – bitter

pour les pauvres. Il terminait en nous demandant de patienter encore et il pensait que d'ici un ou deux mois, il nous serait possible de venir. Nous serions alors à nouveau réunis comme autrefois, à Paris.

patienter – attendre avec patience

Je trouvais personnellement que « un mois ou deux », c'était imprécis et surtout bien long. J'avais hâte de les revoir, et puis j'avais aussi envie de voir cette belle ville, pleine de monde et d'hôtels de luxe. Nice me faisait rêver : les halls somptueux parcourus par des femmes couvertes de bijoux et fumant de longues cigarettes dans des fume-cigarettes encore plus longs.

avoir hâte de faire qc – vouloir faire qc le plus tôt possible
somptueux, -euse – grand et luxueux

Mais avant d'y aller, il fallait continuer à laver la vaisselle un soir sur quatre, à faire les commissions, les devoirs, aller à l'école et c'était la période des compositions parmi lesquelles celle de géométrie me causait bien du souci. Heureusement il y avait les parties de foot sur la plage, les jeux avec mon ami Virgilio et le cinéma le dimanche après-midi, lorsque les aînés nous l'autorisaient.

un soir sur quatre – jeden vierten Abend

Il commençait à faire beau. Le moment où nous pourrions nous baigner approchait et pour ne pas perdre de temps, nous sommes allés un jour après l'école acheter un maillot de bain. J'ai essayé le mien le soir même après le repas.

C'est à ce moment-là qu'on a frappé à la porte.

C'étaient deux gendarmes.

– Vous désirez ?

Le plus petit a tiré un papier de sa serviette et il a lu lentement :

– Albert et Henri Joffo, c'est bien ici ?

– Albert c'est moi, mais mon frère n'est pas là.

Il avait du réflexe, Albert. S'ils étaient venus les chercher, Henri avait une petite chance de s'en tirer. J'ai vu Henri se retirer silencieusement jusqu'à la chambre où il a attendu, prêt à glisser sous le lit.

J'ai vu le pire.

– C'est à quel sujet ?

– Vous avez votre carte d'identité ?

– Oui, attendez une seconde.

Albert est entré dans la chambre, a pris son portefeuille dans la poche intérieure de sa veste et nous a jeté un regard rapide qui signifiait « Restez tranquilles, rien n'est perdu ».

– Voilà.

J'ai entendu le gendarme dire :

– Voilà deux convocations, pour vous et votre frère. Il faudra vous présenter à la préfecture avant deux jours. Demain de préférence.

une convocation – Vorladung

– Mais ... à quel sujet ?

– C'est pour le STO.

le STO – le Service de Travail Obligatoire *(voir annexe)*

Celui qui n'avait pas encore parlé a ajouté :

– Vous savez, tout le monde y passe...

– Bien sûr, dit Albert.

Le même a répondu :

– Nous, on porte les convocations, c'est tout, c'est pas nous qui les écrivons.

– Bien sûr.

– Et bien, c'est tout. Bonne soirée et excusez-nous du dérangement.

– Il n'y a pas de mal. Bonsoir.

La porte s'est refermée et mon cœur a repris son rythme normal.

– Qu'est-ce que c'est, le STO ? a demandé Maurice.

– Service de Travail Obligatoire, ça veut dire qu'on va aller en Allemagne, couper les cheveux des Boches. Ou tout au moins c'est ce qu'ils croient.

les Boches *péjoratif* – les Allemands

Je les regardais, atterré ; la tranquillité n'avait pas duré longtemps.

Je les ai écoutés parler.

Il n'était pas question pour eux de partir en Allemagne, se jeter dans la gueule du loup. A partir de là, il n'était pas question non plus de rester à Menton où les gendarmes pouvaient revenir et reviendraient certainement.

la gueule – Maul
un loup – Wolf
la gueule du loup – *ici:* Höhle des Löwen

Henri a jeté un regard autour de lui, sur la petite salle à manger provençale. J'ai compris qu'il aimait bien cet endroit.

– Bon, eh bien, il n'y a pas de problème. On s'en va.

– Quand ? a demandé Maurice.

– Demain matin. On fait les bagages en vitesse, tout de suite, et demain on file.

filer *fam* – partir, s'enfuir

– Et où on va ?

Albert s'est retourné vers moi :

– Ça va te plaire, Jo, on part pour Nice.

J'étais heureux, mais j'ai eu de la peine à m'endormir. C'est toujours lorsque l'on s'en va que l'on s'aperçoit que l'on est attaché aux choses. J'allais regretter l'école, les vieilles rues, mon copain Virgilio, même la maîtresse, mais je ne me sentais pas triste, je reprenais la route et demain j'atteindrais la ville aux cent mille hôtels de luxe, la ville d'or au bord de la mer bleue.

A Nice, toute la famille y est réunie. S'il n'y avait pas la cérémonie de Radio-Londres chaque soir, j'aurais l'impression de passer d'excellentes vacances sur la Côte d'Azur. Je suis libre dans cette belle ville où l'argent semble facile, où tous les bancs de la Promenade des Anglais sont occupés par des gens qui lisent des livres et des journaux.

Radio-Londres – la BBC

la Promenade des Anglais – une avenue de Nice

Les journaux n'arrêtent pas de parler de victoires allemandes sur le front de Russie. Les Allemands sont arrivés à une ville qui s'appelle Stalingrad et qui va bientôt tomber entre leurs mains. Le soir, à la radio de Londres, j'entends aussi beaucoup parler de Stalingrad, mais les nouvelles ne sont pas les mêmes. On apprend que beaucoup d'Allemands sont morts pendant l'hiver. Qui croire alors ? Le soir, en me couchant, je pense que les Allemands vont perdre, que, cette fois, ils sont battus, et je m'endors plein d'espoir. Et puis, le matin, chez le marchand de journaux, je lis les gros titres qui parlent de victoires allemandes.

Stalingrad – une ville de Russie (la bataille de Stalingrad: *voir annexe)*

8 Les Allemands à Nice

A Nice, qui est occupé par l'armée italienne, Jo fait la connaissance d'un jeune soldat italien qui lui pose de temps en temps des questions sur la grammaire française. Le soldat italien espère savoir parler français avant la fin de la guerre, ce qui lui permettrait, une fois rentré dans son pays, d'avoir un poste plus important. Un jour, Jo le rencontre sur la terrasse d'un café où il est en train de travailler son français en faisant des exercices de grammaire.

Il me posait des questions sur la règle des participes passés et sur l'accord avec les verbes pronominaux. J'avais de la difficulté à la lui expliquer, ne la connaissant pas parfaitement moi-même, quand, tout d'un coup, il a refermé son livre.

– On va s'arrêter, Jo. Je n'aurai pas le temps.

Je l'ai regardé, surpris.

– Pourquoi ?

– Parce qu'on va bientôt s'en aller.

– Ton régiment est déplacé ?

– Non, non, nous partons tous, tous les Italiens.

Je ne comprenais pas ce qu'il voulait dire. Lentement, il m'a expliqué :

– Ce n'est plus Mussolini qui commande, c'est Badoglio, et tout le monde croit qu'il va faire la paix avec les Américains qui sont déjà arrivés au sud de l'Italie. Alors, s'il y a la paix, on rentre chez nous.

Mussolini – le chef des fascistes italiens *(voir annexe)*

Plein d'espoir, j'ai dit :

– Mais alors, si vous partez, on est libres !

Il m'a regardé d'un air triste :

– Non, si nous, nous partons, ce sont les Allemands qui viennent.

Le 8 septembre, la nouvelle fut officielle, le maréchal Badoglio avait signé l'armistice avec les Américains et les soldats italiens passaient la frontière

un armistice – Waffenstillstand

pour continuer la guerre, cette fois contre les Allemands.

Un matin, Nice s'est réveillé sans occupants. Les rues, cependant, étaient vides ; les visages des habitants tristes et inquiets. Le 10 septembre, un train s'est arrêté en gare et un millier d'Allemands en sont descendus. Il y avait des SS et des civils parmi eux, des hommes de la Gestapo. La deuxième occupation de la ville avait commencé.

Les promenades sont finies. La Gestapo s'est installée depuis trois jours à l'hôtel Excelsior. La Kommandantur se trouve place Masséna et des rafles ont eu lieu. Il y a de nombreuses arrestations de Juifs, faites sur dénonciation, mais peut-être vont-elles se faire aussi quartier par quartier. Un soir, Henri est rentré et nous a raconté ceci :

– Toute la journée, Albert et moi, on a coiffé des Allemands. Ils parlaient entre eux, croyant que personne ne comprenait. Les conversations étaient difficiles à suivre, mais en gros voilà les faits : Ils arrêtent tous les Juifs, qu'ils enferment à l'hôtel Excelsior. Tous les vendredis, ils sont emmenés la nuit dans des convois spéciaux vers les camps allemands. Rester ici, c'est prendre un billet pour l'Allemagne.

Papa s'assoit, pose les mains à plat sur la nappe de la table.

– Mes enfants, dit-il, Henri a raison. Il va falloir de nouveau se séparer. Henri et toi, Albert, vous partez pour la Savoie. Vous allez à Aix-les-Bains, là j'ai une adresse pour vous, quelqu'un vous cachera. Joseph et Maurice : voilà ce que vous allez faire. Ecoutez-moi bien. Vous vous rendrez dans un camp des jeunes Compagnons de France. C'est théoriquement une organisation paramilitaire qui dépend du gouvernement de Vichy, mais en fait il s'agit d'autre chose. Vous verrez.

– Et vous, qu'est-ce que vous allez faire ?

Mon père se lève.

la Savoie – une région française, dans les Alpes

les jeunes Compagnons de France – *voir annexe*

– Ne vous faites pas de soucis pour nous.

Les parents de Jo restent à Nice, tandis que leurs fils partent pour le camp des jeunes Compagnons de France à Golfe-Juan, tout près de Nice.

9 Le camp des jeunes Compagnons de France

Dans le camp, Jo et Maurice font la connaissance d'un jeune Français qui est né en Algérie : Ange Testi. Quand Maurice entend les histoires qu'Ange raconte au sujet de son pays natal, il croit avoir trouvé une solution au problème que l'identité juive leur pose, à Jo et à lui-même.

Un matin, vers dix heures, alors que je travaillais dans la cuisine, Maurice est venu vers moi.

– Jo, j'ai réfléchi à une chose, si les Allemands faisaient une descente ici et nous interrogeaient, je crois qu'ils sauraient tout de suite qu'on est juifs.

une descente – *ici:* une rafle

– Mais pourquoi ? jusqu'à présent ...

– Ecoute, le directeur m'en a parlé. Aujourd'hui, la Gestapo ne cherche même plus à faire des enquêtes. Ils se foutent complètement des papiers. Si on leur dit qu'on s'appelle Joffo, que papa a un magasin rue de Clignancourt, c'est-à-dire en plein quartier juif de Paris, ils n'iront pas chercher plus loin.

se foutre de qc *fam* – ne pas être intéressé par qc

Maurice a fait un effort pour sourire et puis il a continué :

– Tout ça pour te dire, au cas où ils feraient une descente, il faut s'inventer complètement autre chose, une autre vie. Et je crois que j'ai trouvé quelque chose. On habite l'Algérie et on est venus en vacances en France. On y est restés à cause du débarquement des Américains en Afrique du Nord. Avantage de la chose : ils ne peuvent pas contacter les amis ou les parents puisqu'ils sont restés là-bas. Aucun contrôle n'est possible, ils sont obligés de nous croire.

au cas où ils feraient – s'ils font

Cela tournait dans ma tête, il me paraissait difficilement possible de s'inventer un nouveau passé, une nouvelle vie.

– Et où est-ce qu'on habitait ?

– A Alger.

J'ai regardé Maurice. Il avait certainement tout prévu, mais il fallait en être sûr et poser les questions qui nous seraient peut-être posées.

prévoir – vorhersehen

Je fais une grosse voix et demande :

– Quel est le métier de vos parents ?

– Papa est coiffeur, maman ne travaille pas.

– Et vous habitez où ?

– 10, rue Jean-Jaurès.

Jean Jaurès – chef du parti socialiste, assassiné en 1914

Il n'a pas hésité une seconde, mais cela nécessite une explication.

– Pourquoi rue Jean-Jaurès ?

– Parce qu'il y a toujours une rue Jean-Jaurès, et le numéro 10 parce que c'est facile à se rappeler.

– Et s'ils te demandent de décrire le magasin, la maison, l'étage, tout ça, comment on va faire pour dire pareil ?

– Tu décris la maison de la rue de Clignancourt, comme ça on ne se trompera pas.

Je fais oui de la tête. Ça me paraît vraiment très au point. Brutalement il se lève et me secoue en criant :

– Et où allez-fous à l'égole, bedide garzon ?

– Rue Jean-Jaurès, dans la même rue, un peu plus bas, je ne sais pas le numéro.

– Bien, dit-il, très bien.

Un jour, Maurice er Jo quittent le camp pour accompagner leur ami Ferdinand à Nice. Ils ne savent pas que, lui aussi, il est juif et qu'il veut acheter à Nice de faux papiers pour passer la frontière. Ils attendent leur ami devant une maison, rue de Russie, croyant qu'il rend visite à un copain. La police allemande, au courant de l'affaire, arrive et les arrête tous. On les emmène à l'hôtel Excelsior, le siège de la Gestapo niçoise.

fou, folle – verrückt
un monde fou – wahnsinnig viele Leute

un couple – une femme et son mari

Un monde fou dans le hall, des gens, des enfants, des valises. Des hommes qui courent avec des listes, des dossiers. Il y a beaucoup de bruit. Près de moi un vieux couple, soixante-cinq ans peut-être. Il a mis son costume des dimanches ; elle est petite, elle roule dans ses mains un mouchoir qui est de la même couleur que son foulard. Ils sont très calmes ; ils regardent devant eux une petite fille de trois ou quatre ans qui dort sur sa mère. De temps en temps, ils se regardent, et j'ai peur.

J'ai compris que ces deux vieux se regardent comme des gens qui savent qu'ils ont vécu ensemble toute leur vie et qui savent aussi qu'on va les séparer et qu'ils feront seuls le bout de chemin qui reste à faire. Maurice s'adresse à un homme assis sur un sac.

– Vous allez où ?

Son visage ne bouge pas.

– Drancy.

Drancy – une ville de la banlieue de Paris où se trouvait un camp de concentration (*voir annexe*)

Il a dit cela simplement, comme on dit merci ou au revoir, sans y accorder la moindre importance. Un grand bruit soudain. En haut des escaliers, deux SS arrivent avec un civil qui tient une liste à la main. Il prononce un nom, regarde si quelqu'un se lève, il coche alors avec un stylo sur la feuille. L'appel est long. Peu à peu le hall se vide ; après avoir entendu leurs noms, les gens sortent par une porte à côté. Un camion les conduit à la gare.

cocher – abhaken

– Meyer, Richard. 729.

Le vieux monsieur distingué se lève lentement, prend une valise à ses pieds et avance sans hâte.

Je l'admire. N'a-t-il pas peur ?

– Meyer, Marthe. 730.

La petite dame a pris une valise plus petite que celle de son mari et ma gorge se serre. Elle vient de sourire. Ils se rejoignent à la porte. Je suis heureux qu'on ne les sépare pas.

Lentement, le hall s'est vidé. Je m'aperçois que je n'ai pas lâché la main de mon frère.

lâcher – ne plus tenir

Un homme en civil descend les escaliers et nous regarde. Il va peut-être nous dire de partir. Mais il nous fait signe de monter. Il y a des officiers à l'étage et des interprètes français. Nous arrivons dans un couloir et attendons debout devant des portes fermées. Il y a un bruit de machines à écrire, mais je n'entends rien de ce qui est dit dans la pièce devant laquelle nous attendons. La porte devant nous s'ouvre soudain. Deux femmes en sortent. Elles pleurent toutes les deux. Elles redescendent et nous attendons toujours. Cela me rappelle le dentiste.

un interprète – Dolmetscher

Un interprète paraît. Cette fois, c'est à nous. Nous entrons tous les trois, Ferdinand, Maurice et moi.

C'est une ancienne chambre d'hôtel, mais il n'y a plus de lit, une table à sa place avec un SS derrière. Une quarantaine d'années, des lunettes, il semble fatigué.

Le SS tient entre ses mains les papiers de Ferdinand et le regarde. Il ne dit rien et fait un signe à l'interprète :

– Tu es juif ?

– Non.

– Si tu n'es pas juif, pourquoi as-tu de faux papiers ?

Je ne regarde pas Ferdinand, je sais que si je le regarde, je n'aurai plus assez de courage pour moi.

– Mais ... ce sont mes papiers.

Il y a un bref échange en allemand. Le SS parle et l'interprète traduit :

bref, brève – ≠ long

– Il est facile de savoir si tu es juif ou pas ; dis-le tout de suite sans histoire, sinon tu vas mettre tout le monde de mauvaise humeur. Tu vas prendre des coups et ce serait bête, alors il vaut mieux vider ton sac tout de suite et on n'en parlera plus.

vider son sac *fam* – dire toute la vérité

Il donne l'impression qu'il suffit de le dire et que c'est terminé, on va se retrouver dehors.

– Non, dit Ferdinand, je ne suis pas juif.

Il n'y a pas besoin de traduction. Le SS se lève, enlève ses lunettes, passe devant son bureau et se plante devant Ferdinand. Sa main claque sur la joue de Ferdinand, la tête ballotte et à la deuxième gifle, il chancelle et recule de deux mètres. Les larmes coulent.

ballotter – hin und her schwanken
chanceler – taumeln

– Arrêtez, dit Ferdinand.

Le SS attend. L'interprète encourage d'un geste.

– Allez, vas-y, raconte d'où tu sors, toi.

A peine audible, Ferdinand parle.

à peine – kaum
audible – hörbar

– Je suis parti de Pologne en 40, mes parents ont été arrêtés, je suis passé par la Suisse et ...

– Ça va, ça, on verra plus tard. Tu reconnais que tu es juif ?

– Oui.

L'interprète lui donne une tape amicale sur l'épaule.

– Eh bien, tu ne crois pas que tu aurais dû le dire plus vite ? Allez, tu peux descendre.

Il tend un ticket vert que Ferdinand prend. Je saurai très vite ce que signifie le ticket vert.

– A vous deux maintenant. Vous êtes deux frères ?

– Oui. Lui, c'est Joseph et moi c'est Maurice.

– Joseph et Maurice comment ?

– Joffo.

– Et vous êtes juifs.

Ce n'est pas une question, ce type affirme. Je veux aider Maurice.

affirmer – behaupten

– Ah non, alors, ça c'est faux.

Il est surpris de ma véhémence. Maurice lui dit :

– Non, on n'est pas juifs, on est d'Algérie. Si vous voulez, je peux vous raconter tout.

L'interprète parle au SS qui nous examine. L'Allemand pose une question :

– Qu'est-ce que vous faisiez rue de Russie ?

– On arrivait du camp des Compagnons de France, on accompagnait un ami, Ferdinand, on l'attendait, c'est tout. Il nous avait dit qu'il montait voir un copain.

Le SS tourne un crayon entre ses doigts. Maurice, maître de lui, commence à lui raconter l'histoire d'Algérie : papa coiffeur à Alger, l'école, les vacances en France, la vie dans le camp des Compagnons de France, le débarquement des Alliés en Afrique qui nous a empêchés de revenir. Tout à coup la seule chose qu'on n'avait pas prévue :

– Et vous êtes catholiques ?

– Bien sûr.

– Vous êtes baptisés alors ?

– Oui. On a aussi fait notre communion.

– Quelle église ?

Merde. On n'y avait pas pensé. J'entends la voix de Maurice :

La Buffa. A Nice.

– Pourquoi pas à Alger ?

– Maman préférait la France. Elle avait un cousin dans la région.

– Et bien, nous allons vérifier si tout est exact.

vérifier qc – contrôler qc

On nous a conduits dans une des chambres qui avaient servi autrefois au personnel de l'hôtel, au dernier étage. Je n'ai pas dormi. A six heures du matin, nouvel interrogatoire. Cette fois nous sommes séparés.

Le SS qui m'interroge est différent du premier. C'est également un autre interprète. Il roule les *r*. Dès mon entrée dans le bureau, j'ai senti une sympathie entre lui et moi. Je sais qu'il va m'aider ; c'est important, un interprète.

– Décris la chambre où tu as habité.

Je sais qu'ils vont comparer ma description avec celle de Maurice, mais là, ils ont peu de chances de nous avoir.

avoir qn *fam* – jdn hereinlegen

– Je couchais avec mon frère ; lui il avait le lit près de la porte, moi celui près de la fenêtre. Il y avait un petit tapis rouge, un pour chacun. On avait une table de nuit, chacun aussi avait une lampe, mais elles étaient différentes. La mienne était de couleur verte et ...

– Ne parle pas si vite, il faut que je traduise.

Le SS ajoute quelque chose. L'interprète dit :

– Ton frère a dit que ta lampe était rose.

– Non, il s'est trompé, elle était verte.

– Tu es sûr ?

– Sûr.

Quelques mots en allemand. Rapidement l'interprète dit :

– Tu as raison, il avait dit vert. Et tes deux frères, qu'est-ce qu'ils faisaient ?

– Au salon, ils coupaient les cheveux.

– Ils faisaient de la politique ?

– Je ne sais pas, je n'en ai jamais entendu parler.

– Ton père lisait le journal ?

– Oui, tous les soirs, après le repas.

– *Alger Républicain* ou un autre ?

Attention, c'est un piège.

un piège – Falle

– Je ne sais pas les noms des journaux.

– Ça va, tu peux sortir.

Des couloirs, des escaliers, enfin la chambre où Maurice m'attend.

Six jours. Six jours qu'ils nous tiennent. Il y a un interrogatoire le matin du troisième jour et un autre l'après-midi du quatrième. Depuis deux jours, rien.

Les différents services sont surchargés de travail. Quel bruit dans le grand hall, dans les deux salons et les couloirs des étages. Les escaliers sont bondés de civils, de SS et de militaires. Il y a les services d'identité, de délivrance d'ausweis, de contrôle de domiciles. Dans les couloirs, on retrouve toujours les mêmes personnes marquées par la fatigue et la peur. Il y a un homme qui attend debout, au deuxième étage, depuis trois jours. Il vient le matin et part le soir. Que veut-il ? Quel papier demande-t-il ? Je sens que le moral s'en va. J'ai une migraine constante depuis le premier interrogatoire. Même la nuit, l'hôtel est plein de bruit, de pas, de cris et je me réveille, baigné de sueur. Je suis sûr qu'on bat les gens dans les caves.

être surchargé de travail – avoir trop de travail

Mais pourquoi ne nous interrogent-ils plus ? Est-ce qu'ils nous ont oubliés ? Ont-ils perdu notre dossier ? Ou bien font-ils une enquête encore plus minutieuse ? Un jour, un civil français est venu nous chercher à la cuisine où nous travaillions.

minutieux, -euse – détaillé, exact

– Maurice et Joseph Joffo, interrogatoire.

Notre dossier était ouvert sur le bureau, il y avait des papiers en plus grand nombre, des lettres. Ainsi donc, ils n'avaient pas laissé tomber l'affaire et cela, je ne comprenais pas du tout. Ils avaient une guerre mondiale sur le dos, reculaient devant les Russes et les Américains, ils se battaient aux quatre coins du monde, et ils employaient des hommes, du temps pour essayer de savoir si deux enfants étaient juifs ou non, et cela depuis plus de trois semaines. L'Allemand en civil nous regarde, cherche dans ses papiers :

reculer – ≠ avancer

– Votre affaire traîne depuis trop longtemps, nous ne pouvons plus vous garder ici ...

Il désigne Maurice et l'interprète traduit :

– Toi, le plus grand, tu sors. Tu as quarante-huit heures pour ramener les preuves que vous n'êtes pas juifs. Il nous faut des certificats de communion, retrouve le prêtre à Nice. Dépêche-toi !

L'Allemand ajoute quelque chose que l'interprète traduit tout de suite :

– Si dans quarante-huit heures tu ne reviens pas, nous découpons ton frère en morceaux.

claquer des talons *(m)* – die Hacken zusammenschlagen

Maurice claque des talons. Je l'imite sans savoir pourquoi. Il a dû remarquer que cela plaisait.

– Merci, messieurs, dit-il, je reviendrai.

Nous sortons, il n'y a plus de temps à perdre.

Chose bizarre, ces deux jours n'étaient pas plus longs que d'autres. Je travaillais aux cuisines où on commençait à me connaître.

Au deuxième jour, j'ai vu Maurice courir vers moi, des papiers à la main.

un certif *fam* – un certificat

– Je les ai, les certifs, a-t-il crié.

J'ai abandonné mon travail et Maurice m'a tout raconté. Après avoir quitté l'hôtel, il était retourné à la maison : les parents y étaient encore, ils ne sortaient plus, une voisine leur faisait les achats, ils avaient maigri tous les deux. Maman avait pleuré. Maurice était alors sorti et était entré dans l'église voisine. Il n'y avait personne, seulement un vieux qui rangeait les chaises. C'était le curé. Maurice lui a tout raconté. Le curé a dit : « Ne t'inquiète pas. Je vais te faire les certificats de communion. En outre, je vais expliquer votre situation à Monseigneur l'Archevêque qui interviendra sûrement s'il est nécessaire. Reviens demain pour les certificats. Si vous avez des problèmes, je vais vous voir à l'Excelsior. »

un archevêque – Erzbischof

Le lendemain matin, Maurice avait nos certificats en poche. Nous sommes allés tout de suite au bureau de la Gestapo. Nous entrons. L'Allemand est en train de travailler. Maurice lui tend les papiers. Il les regarde longtemps, les retourne :

– Das ist falsch !

Même sans savoir la langue allemande, la traduction est claire : ils sont faux.

L'Allemand prend les papiers, les met dans le dossier et nous fait sortir. Dehors, mes genoux tremblent.

Le jour suivant, le curé de la Buffa est venu nous voir. Il s'est assis sur une chaise devant le bureau de la Gestapo sans dire un mot. Tout le monde comprenait qu'il serait plus facile de changer le mont Blanc de place que cet homme. Il est revenu deux jours de suite, il a attendu de sept heures du matin jusqu'à six heures du soir. Le troisième jour, on l'a reçu.

Le lendemain matin, il est revenu, avant sept heures. Il apportait quelques papiers et demandait notre libération immédiate. Pour ne pas avoir de problèmes avec l'Eglise française, la Gestapo décide donc de remettre en liberté, après plus d'un mois d'arrestation, Maurice et Joseph Joffo.

demander – *ici:* verlangen
la libération – *ici:* Freilassung
immédiat,e – sofortig

12 Le retour

Après leur libération, les enfants retournent dans le camp des jeunes Compagnons de France. Un jour, cependant, le commandant leur apprend que leur père a été arrêté par la Gestapo au cours d'une rafle. Leur mère, prévenue à temps, a réussi à se cacher chez des amis à Nice. La situation devient trop dangereuse pour les enfants : de nouveau il faut partir. Ils décident d'aller chez leur sœur, Rosette, mariée dans un petit village près de Montluçon, dans le nord de l'Auvergne. Voyage fatigant et dangereux : partout des contrôles de la police française et allemande, des trains bondés ; debout pendant des heures, presque rien à manger, sans argent. Ils arrivent, complètement épuisés, chez leur sœur qui se réjouit de les revoir. Mais le bonheur n'est pas de longue durée. Le jour même de leur arrivée, il y a plusieurs arrestations dans le village, faites sur dénonciation. Impossible d'y rester plus longtemps. Ils entrent en contact avec Albert qui leur donne l'adresse d'un ami, propriétaire d'un hôtel à R., un petit village entre Nice et Aix-les-Bains. Retour dans la région de Nice.

A R., Maurice travaille à l'hôtel où il rencontre des maquisards, des membres de la Résistance. Joseph, cependant, est engagé par le libraire, M. Mancelier, un pétainiste et antisémite convaincu, mais qui ignore que Joseph est juif. Seul le sort incertain de leur père inquiète les garçons.

Le 8 juillet 1944, les Allemands se retirent devant les armées françaises et américaines qui entrent triomphalement dans le village. La Résistance prend le pouvoir. C'est l'heure des réglements de compte. Le père Mancelier risque d'être condamné à mort à cause de sa collaboration avec les Allemands. Alors, Joseph décide de lui jouer un tour, mais un bon. Lui, le Juif, sauve la tête de cet ennemi des Juifs. Il prétend au moment de l'arrestation de Mancelier que le libraire a accepté de le cacher tout en étant au courant de son identité juive.

un règlement de compte – Abrechnung

jouer un tour à qn – jdm einen Streich spielen

Fin août 1944, la nouvelle de la libération de Paris arrive. Les enfants ont hâte d'y retourner pour retrouver leur famille. Des amis emmènent Maurice en voiture, mais comme il n'y a plus de place, Joseph est obligé de prendre le train pour Paris. Quelques jours plus tard, il arrive à la gare d'Austerlitz, prend le métro et descend à la station Marcadet-Poissonniers dans le XVIIIe arrondissement.

Trois ans plus tôt, j'ai pris le métro pour la gare d'Austerlitz, aujourd'hui je reviens.

La rue est la même, il y a toujours le ciel gris entre les toits, il y a cette odeur qui est celle de Paris au matin. J'ai toujours mon sac à dos, je le porte plus facilement maintenant. C'est vrai, j'ai grandi.

Mémé Epstein n'est plus là. Le restaurant Goldenberg est fermé. Combien sommes-nous à revenir ?

« JOFFO – COIFFEUR ». Les mêmes lettres bien écrites. Derrière la vitrine, j'aperçois Albert, il coiffe. Henri manie le balai.

apercevoir – voir

manier le balai – balayer

J'ai déjà vu maman et Maurice.

J'ai vu aussi que papa n'était pas là. J'ai compris tout de suite qu'il n'y serait plus ...

J'ai quarante-deux ans aujourd'hui et des gosses. Trois gosses. En regardant dormir mes fils, je ne peux que souhaiter une chose : que le temps de la souffrance et de la peur comme je l'ai connu pendant ces années, ne revienne jamais. Mais qu'est-ce que j'ai à craindre ? Ces choses-là ne se reproduiront plus, plus jamais. Les sacs à dos sont sous le toit, ils y resteront toujours.

la souffrance – Leiden

Peut-être ...

Chapitre 1

1 Quelles informations l'auteur donne-t-il sur la famille Joffo ?
2 Racontez la vie de son grand-père.
3 Quelles idées les Juifs se font-ils de la France ?
4 Pourquoi sa mère se fait-elle du souci ?
5 Pourquoi le père ne partage-t-il pas l'opinion de sa femme ?

Chapitre 2

1 Le port de l'étoile jaune est devenu obligatoire. Décrivez
   – la réaction de la mère,
   – celle de Maurice et celle du père,
   – celle de Zérati,
   – celle des camarades de classe dans la cour.
2 Ceux qui portent l'étoile n'ont pas le droit de faire bien des choses. Jo le sait. Qu'est-ce qui est interdit ?
3 Pourquoi Jo ne peut-il pas comprendre le comportement hostile de ses camarades de classe envers lui ?
4 Décrivez l'affiche de la rue Marcadet et expliquez la réaction de Jo.

Chapitre 3

1 Décrivez ce qui se passe pendant le cours de géographie.
   – Expliquez les sentiments de Jo au moment où le professeur commence à interroger les élèves.
   – Pourquoi Jo fait-il tomber son ardoise ?
   – Décrivez et commentez la réaction du professeur.
   – Expliquez la phrase : « J'ai compris que pour moi l'école était finie. » (page 8)
2 Que se passe-t-il pendant la récréation ?
3 Que propose Zérati sur le chemin du retour ? Pourquoi, à votre avis ?

4 Comment le père réagit-il après leur retour à la maison ? Pourquoi prend-il une telle décision ?
5 Rappelez-vous sa phrase : « Non, pas ici, pas en France, jamais. » (page 5). Que constatez-vous ?

Chapitre 4

1 Décrivez les changements de la vie chez les Joffo.
2 Racontez la vie du père (sa jeunesse, ses premières années en France, sa vie comme coiffeur).
3 Pourquoi Jo et son frère doivent-ils partir ? (deux raisons)
4 Refaites le voyage des garçons jusqu'à Menton à l'aide de la carte sur la deuxième de couverture.
5 Pourquoi le père a-t-il battu Joseph ?
6 Décrivez les sentiments de la mère et ceux du père au moment du départ des enfants.
7 Expliquez la phrase : « C'en était fait de l'enfance. »

Chapitre 5

1 Rappelez-vous la première apparition de Raymond, le commis.
– Pourquoi rit-il quand il entend la phrase : « On voudrait un petit renseignement » ?
– Pourquoi donne-t-il d'abord le nom du père Bédard ?
– Quelle sorte de garçon est-il ?
2 Retrouvez dans le texte tous les détails qui montrent que Raymond n'a pas besoin d'avoir peur, lors de la traversée de la ligne.
Comment expliquez-vous cela ?
3 Comment Jo avait-il imaginé la traversée de la ligne ?
4 Pourquoi est-il frustré ?

Chapitre 6

1 Décrivez la ville de Menton.
2 Répondez aux questions posées par Henri (tout en haut de la page 19).
3 Retrouvez les deux passages qui décrivent les sentiments de Jo et de son frère Maurice et expliquez-les.

Chapitre 7

1 Informez-vous sur le rôle de la police française pendant l'Occupation, en vous servant de l'annexe.
2 Comment Jo s'imagine-t-il la vie à Nice ?
3 Résumez l'épisode des deux gendarmes. Décrivez aussi les sentiments et le comportement des frères Joffo pendant cette visite.
4 Expliquez les raisons du départ des fils Joffo pour Nice.
5 Jo regrette-t-il de partir ? Expliquez.
6 Décrivez la vie à Nice en tenant aussi compte des informations données par le père dans sa lettre (pages 21-22).
7 Comparez les informations sur la bataille de Stalingrad données par les journaux de Nice et par la Radio de Londres. Expliquez ce fait.

Chapitre 8

1 Quel changement politique Jo apprend-il de la bouche du soldat italien ?
2 Quelles sont les conséquences de cet événement pour les soldats italiens qui occupent Nice ?
3 Pourquoi les Niçois ne sont-ils pas heureux de voir partir l'occupant italien ?
4 Expliquez la peur de la famille Joffo depuis l'arrivée des Allemands à Nice. Pourquoi ont-ils raison d'avoir peur ?
5 Imaginez un dialogue entre le père et la mère, juste après le départ de leurs quatre fils.

Chapitre 9

1 Quel serait le danger pour les enfants Joffo si les Allemands faisaient une rafle dans le camp ? Expliquez-en les raisons.
2 Vous êtes Joseph. Vous vous inventez une nouvelle biographie (selon les conseils de Maurice) que vous essayez d'apprendre par cœur. Rédigez cette nouvelle biographie.

Chapitre 10

1 Décrivez l'atmosphère dans l'hôtel Excelsior et le comportement du couple Meyer.
2 Quels sont les sentiments de Jo ?
3 Quelles informations Maurice et Jo tirent-ils de leurs observations ? (Question au monsieur assis et appel des SS.)
4 Retracez les étapes du déroulement de l'interrogatoire de Ferdinand.
5 Quelle tactique le SS emploie-t-il ? Pourquoi ?
6 Résumez le premier interrogatoire des enfants Joffo. Pourquoi réussissent-ils là où Ferdinand a échoué ?
7 Analysez l'histoire inventée par les enfants
– sous l'aspect de la vraisemblance
– sous celui d'un contrôle éventuel effectué par la Gestapo.

Chapitre 11

1 Comparez le deuxième interrogatoire avec le premier.
2 Quels pièges la Gestapo tend-elle au cours du deuxième interrogatoire ?
3 Décrivez l'atmosphère dans l'hôtel Excelsior.
4 Dans quel état Jo se trouve-t-il ?
5 Qu'est-ce que Jo trouve étonnant lorsqu'il compare les activités de la Gestapo avec le déroulement de la guerre ?
6 Imaginez la conversation qui a lieu entre Maurice et les parents.

7 Commentez la réaction du curé de la Buffa et ses démarches en faveur des enfants Joffo.
8 Pourquoi les deux garçons sont-ils finalement remis en liberté ?

Chapitre 12

1 Résumez l'action jusqu'au retour de Jo à Paris.
2 Racontez les changements qui ont eu lieu au cours de son absence.
3 Quelles idées l'auteur se fait-il quand il voit dormir ses enfants ?
4 « Ces choses-là ne se reproduiront plus, plus jamais. » Croyez-vous que cette phrase soit justifiée ?
5 Le livre se termine sur les mots : « Peut-être ... » Qu'est-ce que l'auteur veut exprimer par ces mots ?

Les lois raciales :

A partir du 3 octobre 1940, élaboration d'un statut spécial pour les Juifs :

– 29 mai 1942, l'étoile jaune devient obligatoire pour les Juifs en zone occupée.

– Interdiction d'exercer quelques métiers (p. ex. professeur, médecin et avocat). Exclusion de la fonction publique et de l'armée.

– Interdiction d'aller dans une école publique, d'utiliser les moyens de transport publics, de traverser la ligne de démarcation.

Pétain, Philippe (1856–1953)

– Vainqueur de Verdun (1916), ministre de la Guerre en 1934.

– Juin 1940, chef du gouvernement de Vichy.

– Condamné à mort en 1945, mais sa peine fut commuée en détention perpétuelle *(lebenslange Haftstrafe)*.

Il collabore avec l'Allemagne hitlérienne, tolère la politique antisémite en France. La devise de son gouvernement est : *Travail – Famille – Patrie*, retour aux valeurs traditionnelles. Il reconnaît la supériorité de l'Allemagne dans une « Europe nouvelle » et souhaite la victoire allemande surtout dans la guerre contre le bolchevisme, mais aussi contre la Grande-Bretagne *(« Mort aux Anglais, vive la France »)*.

La ligne de démarcation, la zone libre

Après la défaite de la France en juin 1940, le territoire français est divisé en :

– une zone libre, gouvernée par Pétain (p. ex. Lyon, Marseille),

– une zone occupée par l'Allemagne (p. ex. Paris, Le Mans, Rennes),

– une zone occupée par l'Italie (p.ex. Nice, la Haute-Savoie),

– une zone interdite : de la frontière belge jusqu'à la zone de l'Est sur la frontière de l'Alsace ;

– l'Alsace-Lorraine est annexée par l'Allemagne.

La France est « coupée en deux » par une « ligne de démarcation ». Pour passer de la zone occupée à la zone libre et inversement, il faut avoir un *Ausweis*. La ligne est une véritable frontière, surveillée par des soldats, donc difficile à traverser sans autorisation.

– Le 11 novembre 1942, l'Allemagne occupe la zone libre.

La police française

Sur demande des autorités allemandes, la police française organise des rafles, arrête des Juifs et des « ennemis politiques » (voir la rafle du Vélodrome d'Hiver, l'arrestation des parents Joffo en zone libre à Pau, la distribution des convocations pour le STO).

Le Service de Travail Obligatoire (STO)

– En janvier 1943, l'Allemagne demande un contingent de 250 000 travailleurs français (surtout des spécialistes) pour travailler dans ses usines.

– A partir du 15 février 1943, 170 000 Français partent effectivement pour l'Allemagne, parmi lesquels aussi le jeune Georges Marchais, le futur chef du Parti Communiste Français.

– Beaucoup de jeunes Français, cependant, refusent d'aller travailler en Allemagne. Ils se cachent et, à partir de cette date-là, le nombre des membres de la Résistance s'accroît.

Les camps des jeunes Compagnons de France

Les activités paramilitaires de ces camps de vacances ressemblaient à celles de la jeunesse hitlérienne (Hj). Comme le gouvernement de Pétain collaborait avec l'Allemagne hitlérienne, il y avait peu de contrôles. Les parents pensaient donc que leurs enfants y seraient hors de danger.

La rafle du Vélodrome d'Hiver

Le 16 juillet 1942, la Gestapo organise une rafle monstre à Paris et dans la région parisienne : 12 844 hommes, femmes et enfants juifs sont arrêtés, transportés dans le Vélodrome d'Hiver, puis internés à Drancy, un camp de concentration dans la région parisienne. Ils sont ensuite déportés en Allemagne dans les camps de concentration (p. ex. Auschwitz, Dachau, Bergen-Belsen) où la plupart trouvent la mort.

Mussolini, Bénito (1883–1945)

« Le Duce qui a toujours raison », chef du gouvernement fasciste d'Italie de 1922 à 1943. Mussolini, à l'opposé d'Hitler, ne fait ni interner, ni déporter les Juifs, de sorte que le danger pour la famille Joffo à Menton et à Nice – zone contrôlée par les Italiens – est moins grand.

Le 24 juillet 1943, Mussolini perd le pouvoir et est remplacé par Badoglio.

Quelques dates historiques

1940
mai/juin : la bataille de France, défaite française
16 juin : Pétain demande l'armistice ; formation du gouvernement de Vichy sous Pétain
18 juin : l'appel de Londres du général de Gaulle
18 octobre : promulgation des statuts des Juifs

1942
16 juillet : la rafle du Vélodrome d'Hiver
8 novembre : débarquement anglo-américain en Afrique du Nord (en Algérie et au Maroc)
11 novembre : l'Allemagne occupe la zone libre
18 novembre : commencement de la bataille de Stalingrad

1943
5 février : capitulation allemande à Stalingrad
15 février : commencement du Service du Travail Obligatoire
10 juillet : débarquement allié en Sicile
24 juillet : Mussolini perd le pouvoir en Italie
25 juillet : formation du gouvernement Badoglio en Italie
8 septembre : Badoglio signe l'armistice avec les Américains
10 septembre : occupation de Nice par l'Allemagne
13 octobre : l'Italie déclare la guerre à l'Allemagne

1944
6 juin : débarquement des Alliés en Normandie
10 juin : massacre d'Oradour-sur-Glane
15 août : débarquement allié en Provence
25 août : libération de Paris
fin novembre : toute la France est libérée.